Münsterschwarzacher Kleinschriften

herausgegeben
von den Mönchen der Abtei Münsterschwarzach

Band 162

Meinrad Dufner

Kirchen verstehen

Vier-Türme-Verlag

1. Auflage 2007

Lektorat: Christian Schrödl
Umschlaggestaltung: Morian & Bayer-Eynck, Coesfeld
Umschlagmotiv: Morian & Bayer-Eynck, Coesfeld
Gesamtherstellung: Vier-Türme GmbH, Benedict Press,
Münsterschwarzach
ISBN 978-3-87868-662-0
ISSN 0171-6360

www.vier-tuerme-verlag.de

Inhalt

Rechnung eines Kirchenmalers

(zweckentfremdetes Plagiat)

Ausbesserung der Zehn Gebote,
Verschönerung des Pontius Pilatus und
neue Bänder für seinen Hut.

Ein frischer Schwanz für den Hahn St. Peters
und Auffrischen des Kamms.

Den linken Flügel des Schutzengels
mit Federn versehen und vergoldet.
Den Diener des Hohepriesters gewaschen.

Den Himmel renoviert,
die Sterne hergerichtet
und den Mond geputzt.

Die Höllenflammen leuchtender gemacht,
einen neuen Schwanz für den Teufel,
sein Huf ausgebessert
und verschiedene kleine Arbeiten für die
Verdammten.

Das Fegefeuer aufgefrischt und
die verlorenen Seelen gereinigt.

Das Hemd des verlorenen Sohnes
ausgebessert.

– macht total 52 Franken.

Beat Brechbühl

1. Kirchen verstehen

Bitte keine Kirchenführung! Bitte nicht etwas, das ungefähr so klingt:

»Meine Damen und Herren, Sie befinden sich hier in einer der bedeutendsten Kirchen unseres Landes. Ihre Anfänge gehen in das frühe Mittelalter zurück. Sie sehen hier noch die romanischen Teile. Weiter vorne haben wir ganz deutlich gotische Bögen. In der Barockzeit – niemand weiß, wann das genau war – wurde alles dem neuen Zeitgeist angepasst. Das ist die Fassung, die wir jetzt haben. Im Einzelnen sind es die Deckenfresken von dem berühmten Maler Caprugiano. Die Bilder stellen Szenen aus der Bibel dar. Die Altarblätter, alle auf Leinwand gemalt, stammen von dem thüringischen Wandermaler Holzfuß. Der Stuck, bitte beachten Sie den Stuck! Die Brüder Gogilani – Sie kennen ja ihre bedeutenden Arbeiten in Florenz und Pisa – haben hier vom 17. April bis 24. November 1779 gearbeitet. Und hier sehen Sie noch die berühmte Madonna von Hackenvolk, ein Einfluss flämischer Form- und Farbgebung. Sie können sich noch ein wenig umschauen, in zehn Minuten treffen wir uns wieder auf dem Vorplatz. Ich danke Ihnen.«

Ich danke auch – für so ein hohles Gerede. Was weiß ich jetzt vom Geist, von der Absicht, vom Sinn dieser Kirche?

Ich lade Sie ein, ganz anders sehen zu lernen, ganz andere Erfahrungen zu sammeln und ganz anders solche Räume kennen zu lernen. Davon soll hier die Rede sein.

2. *Groß und Turm*

Fast alle Religionen benötigen für ihren Kult sogenannte Gotteshäuser. Viel Volk soll darin Platz finden. Ein öffentliches Haus, eines, das allen gehört, für das alle Sorge tragen müssen, wenn es Bestand haben soll.

Unsere Religionen verstehen sich als Sinndeutung des Daseins und auch als Wegweisung zum Gehen. Daher wollen ihre Kulthäuser immer eine wortlose, aber anschauliche Predigt sein. Sie sind die Selbstmitteilung derer, die in dem Gotteshaus ihrer Religion Ausdruck verleihen.

Religion will überzeugen, will einladen, will mitgeteilt sein. Deshalb darf eine Kirche nicht einfach übersehen werden. Darum gab es oft einen Wettlauf in Größe und Ausgestaltung, um die Größe und Bedeutung des Glaubens darzustellen.

Wenn in früheren Zeiten Kirchen in jedem Fall die Privathäuser und auch die Regierungssitze überragten, war damit eindeutig eine bewusste Wertung gegeben. Die Bauherren machten dadurch deutlich, was das Wichtigste ist, wer der Wichtigste ist.

In dieser Linie entwickelte sich auch der Turm. Die christliche Kunstgeschichte nennt ihn aber nicht einfach Aussichts- oder Überwachungsturm, nicht Flucht- oder Schutzturm. Sie nennt ihn Campanile: Glockenturm. Kirchtürme sind die Sendemasten und Funktürme der alten Zeiten. Nicht anders verhält es sich auch mit dem Minarett der Moschee.

Wenn also jemand eine Kirche besucht, so ist er schon irgendwie ihrer Einladung und Werbung gefolgt, hat sich neugierig machen lassen. Die Neugier ist wohl eine der wesentlichen Grundhaltungen im Leben, ohne die kein Lernen und Begegnen gelingen kann. Wer alles weiß und kann, niemand Neuen mehr aufzusuchen braucht, wer nicht mehr zu rufen und einzuladen ist, hat sein Leben im Kokon verschlossen.

Betrete ich aber neue oder fremde Räume, die älter und größer sind als die eigenen, kann das nur sinnvoll sein, wenn ich sie erzählen lasse und wenn die Begegnung mit ihnen mich berühren darf. Oft werden Kirchen aufgesucht, betreten, erklärt – und alles taugt nur, um das schon gefasste Vorurteil zu bestätigen. Der Besucher will gar nichts Neues, schon gar nichts Wesentliches mitnehmen. Der Raum, der eigentlich Innerlichkeit und Vertiefung oder Erhöhung meint, wird verkleinert zum Sight-Seeing-Objekt, ein einzelner Punkt im bunten Unterhaltungsprogramm.

Eine Kirche aufsuchen heißt, gerade *jetzt* Zeit haben, *jetzt* mir etwas erzählen lassen, *jetzt* für etwas offen sein, das viel größer ist als ich selbst. Daher macht es Sinn, Kirchen schweigend zu betreten, den Hut meiner Besonderheit abzunehmen. Gläubige, die ein Zeichen der Anerkennung göttlicher Gegenwart bezeugen wollen, beugen die Knie oder verneigen sich. Denn das große Haus meint den größeren Hausherrn.

3. *Stufen hinauf und hinab*

In den allermeisten Fällen sind vor dem Betreten einer Kirche Stufen zu gehen. Manchmal steigen diese hinauf. Dann wollen sie mich heben, heraus aus dem Niveau des Gewöhnlichen. Sie zu besteigen *kann* Mühe bereiten und *darf* Mühe bereiten.

Was nichts kostet, ist auch nichts wert, sagen wir. Die Stufen verlangsamen den Schritt und muten mir Zeit zu oder verlangen von mir Zeit. Im Steigen vertieft sich der Atem. Die Selbstwahrnehmung wird intensiver. Ich komme körperlich stärker zu mir. Das ist erste Voraussetzung, auch mental anwesender zu werden.

Manchmal führen die Stufen zum Eingang auch hinab. Das ist besonders bei sehr alten Gebäuden der Fall. Die Geschichte hat um sie herum das Straßenniveau langsam angefüllt, Schicht um Schicht. Jetzt steigt der Besucher im wörtlichen Sinn hinab in ältere Zeiten, in Vorzeit, in Früheres und Grundlegendes, zu den Fundamenten. Das Erlebnis solchen Hinuntersteigens ist meistens ganz besonderer Art. Wir dürfen uns mehr dem Abenteuer des Unerwarteten und Verborgenen, dem Kryptischen öffnen. Ob Hinaufsteigen oder Hinabsteigen, in jedem Fall gilt es, die vertraute Ebene zu lassen, um mich auf eine andere zu begeben.

Unsere Zeit ist schwellenlos geworden. An Türen steht: »Eintreten ohne zu klopfen«, »Einfach eintreten«. Es wird der falsche Eindruck erweckt, als ob mir alles offen stünde, alles gehörte, alles mein Niveau sei. Schwellen und Stufen bringen mich jedoch zur Besinnung, weil sie mir Achtsamkeit abverlangen, weil sie Anstrengung und Entscheidung brauchen. Dazu muss mir das Erwartete oder der Erwartete aber auch wertvoll genug sein. Für Unwichtiges steige ich nicht hinauf und verlange von mir auch keinen Abstieg.

Zu vielen Kultorten der Menschheit führen Treppen. Will der Mensch aber zu den Geheimnissen des Lebens und des Glaubens gelangen, braucht es die Mühe dieser Wege. Treppen bedeuten immer auch Sturzgefahr. Leben und Tod kommen ins Spiel. Ohne das Risiko Leben, ohne das Risiko Tod ist keine wesentliche Lebenserfahrung möglich. Kirchentreppen können mit keinem Versicherungsschutz abgesichert werden. Lebensstufen sind nur auf eigenes Risiko hin zu begehen.

So geht es bei den Stufen nie nur um die rein technische Überwindung eines Höhenunterschiedes, sondern auch um einen inneren Vorgang, der vor allem bei langsamerem Schreiten erfahren werden kann. Um überhaupt eine Treppe verstehen zu können, muss man sie mehrmals und mit Aufmerksamkeit gegangen sein. Dann erst wird sie mir ihren Sinn erschließen: mich bereiten für die neue Ebene.

4. Portal und Türen

Häufig sind wir genötigt, eine Kirche über irgendeinen Seiteneingang zu betreten. Eigentlich wäre dafür aber das Hauptportal vorgesehen. Hier finden wir eine große Türe, meist zweiflüglig, oft verziert und geschmückt mit einer aufwändigen Fassung. Derlei Portale waren in alten Zeiten besonders wichtig. Sie verlangten dem Besucher eine erste Entscheidung ab. Gerichtspforte nennt man das Hauptportal auch gelegentlich. Auf der Türe oder der Fassung wird ein thronender Christus gezeigt, der Gericht spricht: erhöht über alle Welt, umstellt von den Heiligen, mit erhobenem Arm. Er gewährt all denen Einlass, die seinem Erbarmen trauen.

Das Portal kann auch bevölkert sein mit den Heiligen des Alten Testamentes, von Adam über David bis hin zu den Propheten, und den Heiligen der christlichen Zeit. Sie machen deutlich: der Eintretende wird aufgenommen in diese erlauchte Gemeinschaft.

Eine Türe scheidet das Draußen vom Drinnen. An jeder Türe geschieht etwas mit uns. Wir entscheiden, ob uns das dahinterliegende Drinnen aufnehmen darf. Wer hineingeht, geht nur hinein, wenn er bereit zur Begegnung ist.

Türen können sich bergend oder fesselnd hinter uns schließen. Die Art der Türen und ihre Bedeutung eröffnen Leben, Heimat, Freude oder andernfalls Gefangenschaft und Auslieferung. Jesus hat sich selbst eine Türe genannt: eine gute, die Einlass und Ausgang gewährt. Eine Türe zum Leben und zur Freiheit. Wer also unter seinem Gesetz der Menschenwürde und der Gottesfurcht eintritt, dem öffnet sich der Raum zum Leben – zum ewigen Leben, verspricht er sogar.

Und schließlich dürfen Türen auch Neugierde wecken. Hier will man probieren und schauen, was dahinter ist. Kirchenportale wollten seit jeher eine Einladung sein, es mit dem Drinnen, mit dem Gottesraum zu probieren. Das eher zaghafte Eintreten des modernen Menschen ist ein gutes Bild für seine innere Verfasstheit. Es ist eine gute Grundlage, um sich überraschen zu lassen, wenn der Besucher sich nur Zeit gönnen will.

5. *Der erste Blick und das Ganze*

Jetzt bin ich eingetreten. Leider wird der erste Blick oft schnell verlassen, weil die Details locken. Aber die stille Weile, in der ich das Ganze wahrnehme, ist wunderbar. Vielleicht nehme ich eine besondere Helle oder eine geheimnisvolle Dunkelheit wahr. Der Raum wird überwölbt vom Hohen und Weiten oder geborgen in etwas Geducktes, in ein Schutzhaus, in einen Schoß.

Kirchenräume haben auch einen Geruch, der ihre Geschichte enthält: feucht, kühl, vom Weihrauch gesüßt, menschengefüllt. Ein Raum mag laut oder still sein. Kirchen sollten einen am Besten als Oase von Stille empfangen, allenfalls mit einer Musik, die die Stille nicht unterbricht. Findet gerade ein Gottesdienst statt, erwarten den Eintretenden hoffentlich einladende Blicke und eine Wand aus Gebet, an der er sich anlehnen darf.

Wer zu schnell in eine Kirche eintritt, macht etwas falsch. Mancherorts wurden die Portale daher verkleinert, dass man sich sogar bücken musste. Dadurch blieben in jedem Fall die Eile und der Unternehmungswille draußen. In ein Haus oder eine Wohnung fällt man auch nicht mit der Türe. Wenn wir in eine Kirche hineingehen, betreten wir von anderem bewohnten Raum, wir sind Gast.

Als Gast darf ich mich so mitbringen, wie ich gerade bin. Man wird mich an der Türe nicht meines Aussehens oder meiner Besonderheit wegen bekritteln. Trete ich mit der Langsamkeit, die den ganzen Raum behutsam aufnimmt, ein, kann ich auch erfahren, dass ich in meiner Ganzheit aufgenommen bin.

Für die weiteren Schritte des Begehens und Schauens brauchen wir die Höflichkeit und Sammlung, die bei ordentlichen Begrüßungen in einem fremden Haus ja auch geboten ist.

6. *Raum und Räume*

Kirchen sind meistens große Räume, um einer Versammlung viel Platz bieten zu können. Die Statik solcher Bauwerke verlangt daher Unterteilungen durch Säulen und Gewölbe. Doch diese Elemente haben nicht nur rein technische Funktion, sie sind auch Glaubenszeichen.

Ist ein Raum weit und hoch überwölbt, kommen wir uns geborgen vor oder so, als würden wir unter einem schützenden Dach stehen. Diese Deckung von oben entspricht auch der Zusage von oben. Sie erinnert uns an die Verheißung, die Abraham vom Himmel herab erhielt: Gott schenkt ihm Segen in Fülle, und seine Nachkommenschaft wird so zahlreich sein wie die Sterne am Himmel und der Sand am Meersstrand (vgl. Gen 22,17). Dies klingt an, wenn die Decken von Kirchen gelegentlich wie ein Sternenhimmel gestaltet oder mit Bildgeschichten aus der Bibel oder dem Leben von Heiligen bemalt sind. In jedem Fall sind es Geschichten, die mich als Betrachter dort oben verankern wollen: »Meine Heimat ist im Himmel.«

Getragen werden die Deckenkonstruktionen von Säulen oder Pfeilern: hoch aufstrebende Festigkeit; Treue, die trägt. Sie sind ein Element, das fest genug auf der Erde steht, mutig genug sich streckt, kräftig genug die Decke hinaufhebt. Es trägt und hält. Wie sollte die Dreiheit »Unten – Mitte – Oben« nicht zur Gestaltung reizen? Die Dreiteilung durchzieht ja gänzlich unser Weltbild. Daher werden mancherorts die Säulenfüße mit den Themen des Bodens und der Unterwelt geschmückt. Das können ganz archaische Formen sein, es können mir aber auch Tiere, Fabelwesen oder dunkle Geisterfratzen ins Gesicht blicken.

Die Säule beschreibt durch Behauung und Zierwerk oder durch die Figuren, die an ihr angebracht sind, die Strebung nach oben. Alles an ihnen will Erhebung: »Sursum corda«, »Empor die Herzen« – das kürzeste aller Gedicht-Gebete, wie Peter Handke einmal schreibt. Oben angelangt bildet die Säule im Kapitell etwas wie eine Baumkrone. Auch der Betrachter selbst ist derart Säule, bleibt auch eingespannt in das Unten, das es zu bestehen gilt, und in das Oben, das erreicht werden soll, und dazu die schmerzliche Dehnung des Weges dazwischen.

Um weite Räume zu überspannen, verwendet die Architektur die Konstruktion eines Rundbogens, der durch Druck und Zug optimale Tragkraft und Festigkeit hat. Im christlichen Kultbau ist er seit der Römerzeit von Bedeutung als ein doppeltes Symbol. Einmal ist der große Bogen – vor allem als Chorbogen, der den Altarraum abteilt – so etwas wie ein versteinerter Regenbogen. Der Regenbogen ist wiederum ein uraltes biblisches Symbol für den Bund Gottes mit den Menschen und allen Lebewesen (vgl. Gen 9,12.13). Er ist ein Zeichen für die Zusage Gottes, nie mehr des Menschen wegen der Erde zu schaden, wie es in der Sintflutgeschichte heißt.

Zum anderen handelt es sich um einen Triumphbogen, wie er in der römischen Antike weit verbreitet war. Also ist es der Triumphbogen für Christus, den Sieger und Auferweckten von den Toten. In fast allen alten Kirchen entdecken wir dieses Gnadenzeichen, dieses Siegesbild.

Der Rundbogen ist fast so etwas wie ein Urbild von Christsein. Er stellt die große Zuneigung Gottes dar, seinen Gnadenbund mit der Welt und dem Menschen. Er macht aber auch als Siegeszeichen die österliche Grundhaltung des Christentums sichtbar. An Jesus glauben heißt, unverbrüchlich der Gnade und Zuwendung Gottes trauen. So spricht ein Gebet im Messbuch der römisch-katholischen Kirche vom »unverlierbaren Heil«. Roger Schutz († 2005), Gründer von Taizé, brachte Ostern auf die Kurzformel: »Den Auferstandenen in uns ein Fest feiern lassen.«

Ist Rundbogen ein Bild des Christentums, so ist er auch ein Zeichen von Kirche. Sie muss ein hohes Haus sein, eines, in dem viel Platz ist, eines, in dem einem nicht die Decke auf den Kopf fällt. Kirche darf kein Haus sein, in dem man sich ducken müsste. Vielmehr lädt Kirche ein, österlich aufrecht zu leben und aus gläubigem Gottesbewusstsein unsere Ängste zu überwinden. Lässt schließlich, wer dort drunter steht, diese große Bewegung des Bogens durchs eigene Herz gehen, geschieht ein Weiten und Heben, ein Aufrichten und Großwerden, eben etwas Gottvolles und Leben Erweckendes.

Sollen die großen Räume erleuchtet sein, und das ist meistens ein wichtiges Anliegen, braucht es lichte Fenster: Wand, die durchlässig geworden ist. Der Lichteinfall spielt in jeglicher Architektur eine wichtige Rolle. Das einbrechende Licht, das den Binnenraum erst so richtig belebt, wurde stets metaphysisch verstanden. Das gilt für die Sonnenfenster von Machu Picchu in Peru genauso wie für die Externsteine im Teutoburger Wald und eben auch die Fenster in unseren Kirchen. Daher kommt dem Ostfenster, das sich meist auf der Vorderseite befindet, ein ganz besonderes Gewicht zu: Es symbolisiert die heraufkommende Sonne, die Anfangsbewegung in Gott selbst. Manchmal verweisen auch drei Fenster im Osten auf diesen dreieinigen Gott.

In jedem Fall aber bieten Fenster eine vorzügliche Gelegenheit, das Wesen des Christlichen zu zeigen. Denn sie lassen das scheinbar »geistige Licht« in der Materie der Glasteile wunderbar erscheinen. So hat sich die Glasfensterkunst besonders im christlichen Kultbau entwickelt. Denn durch sie lässt der Gott, der Mensch wird, lässt sich der Geist, der Materie wird, auch durch irdische Erzeugnisse besonders gut veranschaulichen. In der gotischen Kathedrale zeigen die Glasfenster oft die biblische Botschaft in einer nicht enden wollenden Reihung. Das Barock wiederum benutzt oft eine raffinierte Fensteranordnung, um angehäufte Helligkeit einzufangen.

Gesonderte Erwähnung verdient noch die Westrosette. Sie hat meistens als Grundgliederung eine mandala-ähnliche Gestalt. Sie will die ewige Sonne darstellen. Jene Sonne, die niemals untergeht, auch wenn die kosmische Sonne am Ende der Zeiten verblasst: nämlich Christus. So bekomme ich, wenn ich die Kirche am Westportal verlasse, ein Hoffnungszeichen mit, das sich wegen seiner üppigen Ausgestaltung mir tief einprägen kann.

Raum und Räume, die sich gliedern, sind auch steingewordene Ordnungskoordinaten. Wie das tägliche Leben seine Geographien kennt, so braucht das Geistliche ebenso seine Nischen und Kammern. Chorraum für den Altar und den liturgischen Dienst, Hauptschiff für die Versammlung der Gemeinde, Seitennischen fürs private Gebet, die Taufe oder die Buße.

Alte Gotteshäuser haben oft eine Unterkirche. Krypta wird sie genannt, weil sie im Verborgenen, in der Erde liegt. Solche Krypten waren ursprünglich Grablegen oder der Aufbewahrungsort der Reliquien eines Heiligen, dem die Kirche geweiht war. Unterkirchen sind, wie die Wurzel eines Baumes, verborgener Raum, archaischer Ursprung. Die Besucher werden hier bis auf den Grund geführt. Die Krypta ist der Gebetsort, die Meditationsstelle, wo es ums Innerste geht, um das, was alles trägt.

Schließlich ermöglichen Raum und Räume, vorne oder hinten zu stehen, näher dran zu sein oder sich im letzten Winkel zu verstecken. Dies lädt mich dazu ein, meine eigenen Standpunkte, meinen Standort immer wieder zu hinterfragen. In einem Gleichnis erzählt Jesus von zwei Männern, die im Tempel beten: ein angesehener, aber selbstgerechter Pharisäer, der ganz vorne steht, und ein verachteter Zöllner, der beim Beten ganz hinten bleibt (vgl. Lk 18,9–14). Der Mann, der am Rande, weiter entfernt, im letzten Winkel steht, wird letztlich als Gerechter nach Hause gehen. Jesus zeigt auf, wie in seiner Weltordnung die logischen Gesellschafts- und Kirchengesetze verdreht werden können. Hiesige Welt kommt ohne die Zuordnungen nicht aus. Gottes Welt aber bedarf nicht mehr der Gliederungen, weil ER alles in allem sein wird, und wir ganz in IHM.

7. Platzanweisungen

Christliche Kirchen sind meistens mit einem Gestühl versehen. Der Raum soll viele Menschen versammeln. Sie sollen sich hier setzen können, um in Ruhe zu hören, sie sollen knien können, um zu beten.

Die Anordnung der Bänke gliedert auch die Versammlung. Da gibt es Stühle für die, die in Gottesdiensten bestimmte Funktionen übernehmen, oder ein Chorgestühl, wie etwa in Kloster- oder Kathedralkirchen. Da gibt es außerdem die Reihung der Bänke für die Gemeinde. Die Zuordnung der Möbel erzählt etwas von der inneren Zuordnung der christlichen Versammlung: der besondere Stuhl für den, der den Vorsitz führt, die Versammlungsbänke für alle, die Gemeinde sind. Paulus sagt, wie Christus das Haupt der Kirche ist, so repräsentiert ihn der Älteste in der Gemeinschaft. Wie wir alle Glieder eines Leibes sind (vgl. 1 Kor 12,12), so gibt es unter uns eine vielseitige Zuordnung des Gebens und Nehmens. Keiner kann allein Kirche sein. Kirche ist immer ein »Wir«, was die Anordnung der Kirchenbänke anschaulich zeigt.

In besonderer Weise möchte ich auf die Einrichtung des Chorgestühles eingehen. Sie ist charakterisiert durch die Reihung mehrerer Einzelsitze, die einander gegenüberstehen. Der Einzelsitz garantiert die intimere Einzigartigkeit eines jeden. Die Reihung dagegen bedeutet Gemeinschaft. Die Position des Gegenüber hat musikalische Funktion beim Wechselgesang. Sie ist aber auch Ausdruck einer zentralen Wahrheit: »Wer seinen Bruder, seine Schwester nicht liebt, die er sieht, kann Gott nicht lieben, den er nicht sieht.« (1 Joh 4,20) So ist jedes Chorgestühl auch der unmittelbare Test der Wahrhaftigkeit des Beters.

Die Chorgestühle oder Wangen der Kirchenbänke bekamen oft vielerlei Verzierung: Engelsfiguren, weil der Glaube die Beter mit den Engeln vor Gottes Antlitz versammelt, Blumen und Ornamente, damit die Beter in den Reihen sich geziert und verschönert, in jedem Fall gewürdigt und geheiligt glauben dürfen.

Die verschiedenen Kanzeln, die eine Kirche aufzuweisen hat, sind Orte der Verkündigung: ein Ort für die biblischen Lesungen, ein herausgehobener Ort für das Evangelium und für die Predigt. Notwendigerweise sind diese Orte erhöht. Gregor der Große († 604) aber erhebt an sich selbst einen hohen Anspruch: Er dürfe nicht nur durch seine Platzierung, sondern müsse auch durch seine persönliche Lebensführung höher stehen. Er macht sich selbst Vorwürfe, weil ihm dies jedoch nicht immer gelinge.

Oft ist der Predigtstuhl reich verziert und voller Bilder und Zeichen. Der klassische Kanzelschmuck sind die Symbole der vier Evangelisten, jener Männer, die die Geschichte Jesu, seine Worte und Taten, im ersten christlichen Jahrhundert aufgeschrieben haben. Lukas wird im Zeichen des Stieres dargestellt. Markus hat den Löwen als Symbol, da sein Evangelium mit dem Täufer Johannes, dem lauten Rufer in der Wüste, beginnt. Matthäus wird als Mensch dargestellt. Er betont mit dem Stammbaum Jesu zu Beginn seines Evangeliums dessen Herkunft von den Menschen. Johannes schaut uns als Adler an. Sein Evangelium beschreibt mystische Tiefen und Höhen. Er ist ein Adler, der zum Höchsten fliegt und dennoch mit Adlerauge Tiefstes sieht.

Neben den Tiersymbolen finden sich oft vier weitere Figuren: die klassischen alten Kirchenlehrer. Papst Gregor der Große wird mit der Taube am Ohr gezeigt, weil seine Schriften fast wie Diktate des Heiligen Geistes empfunden wurden. Augustinus († 430), der afrikanische Bischof, war ein existenzieller Sucher, bis sein Herz schließlich in Gott zur Ruhe kam. Er wird mit brennendem Herzen abgebildet. Hieronymus († 419), meist in Kardinalsgewand, ist der Bibelübersetzer. Von ihm stammt die lateinische Gesamtübertragung der ursprünglich hebräisch oder griechisch verfassten Bibel. Die Legende gibt dem gelehrten Einsiedler einen Löwen zum Begleiter, da er dem Charakter nach eher ein kampfeslustiger Streiter war. Schließlich steht da noch Ambrosius († 397), der »honigfließende Lehrer«, Bischof von Mailand. Weil seine Predigt und auch seine Lyrik so sprachgewandt, so wohlbekömmlich und so schön war, erkennen wir seine Figur an dem beigegebenen Bienenkorb.

Die zweimal vier Gestalten repräsentieren zugleich die Autoren der Quellentexte des Christentums wie auch die ersten Ausleger dieser Quellen. Damit ist der Ursprung jeder Predigt in ihnen verbildlicht. Es geht um die Urbotschaft, die aber jeweils nur in Worten der Jetzt-Zeit vernehmbar sein kann. Auch wenn von der Kanzel derzeit nicht mehr verkündet wird, soll sie dennoch selbst die Bedeutung des Gotteswortes erklären oder feiern. Immer ist dieses Wort anwesend, der darin redende Gott spricht sich in allem aus, will in allem von uns gehört werden.

Mit den verschiedensten Kirchenmöbeln sind auch unterschiedliche Körperhaltungen angesprochen. Das Sitzen ist die entspannteste Haltung. Sitzend höre ich zu, lasse mir etwas erklären, meditiere ich über etwas. Im Stehen bin ich gerufen, gebe wache Antwort, bin mir der Gegenwart eines Größeren bewusst und signalisiere Bereitschaft. Der kniende Beter hat sich klein gemacht vor Gott und bekundet damit den immer Größeren. Alle drei Haltungen haben etwas von Würde an sich. Das Sitzen ist auch ein Thronen, es ist Anteil an der Ruhe Gottes. Das Stehen ist die Gebetsgebärde der Freigewordenen, der Auferweckten, der Auferstandenen. Im Knien stoßen wir auf die tiefere Wahrheit, wie ein Wort sagt: »Der Mensch ist kniend erst richtig groß.«

8. *Taufkapelle und Beichtstuhl*

Alle Pfarrkirchen haben ein Taufbecken. Weil es meistens in Stein eingelassen ist, sprechen wir auch vom Taufstein. Um dem hier Geschehenden noch mehr Bedeutung zu geben, gab es in früheren Zeiten die großen Baptisterien. Auch heute noch finden wir in vielen Kirchen richtige Taufkapellen oder Taufnischen.

Die Symbole, die wir hier entdecken können, sind Quelle, Wasser, Lebensbaum, das himmlische Jerusalem, die Verheißung von ewigem Leben. Deshalb finden wir dort mitunter sprudelnde Brunnen, Becken, Säulen, die wie Lebensbäume gestaltet sind, Bilder und Zeichen, die für die ewige Stadt Jerusalem stehen, goldene Kuppeln wie in den großen Baptisterien.

Der Gesamtraum ist oft achteckig, wie auch der Taufstein. Sieben ist die Zahl der vollen Woche, die sieben irdischen Schöpfungstage. Am achten Tag aber ist Jesus vom Tode auferweckt worden. Er ist der erste Tag ewigen Lebens. Die liegende Acht ist deshalb auch unser Zeichen von Unendlichkeit. Der Täufling wird also mit seiner irdischen »Siebentagigkeit« in den achten Tag eingeführt. Jetzt darf auch er aus der neuen Wirklichkeit leben, als Mitbürger Christi und Hausgenosse Gottes.

Weil die Taufe das Initiationsgeschehen zum Christ-Werden ist, befindet sich der Ort dafür oft beim Eingang der Kirchen. In einer katholischen Kirche gibt es außerdem an allen Türen kleine Wasserbecken. Sie sind eine Anspielung auf die Taufe. Wer hereinkommt und wer hinausgeht, benetzt sich mit einem Tropfen des geweihten Wassers, um sich erneut, wie in der Taufe, unter den Segen und Auftrag Gottes zu stellen. Von den Eingängen aus durchläuft der Christ dann die übrigen Glaubensorte.

Der »Taufnische« innerlich parallel ist die »Beichtnische« zu sehen. Durch echtes privates Bekenntnis und wirkliche Vergebungszusage wird der schuldige Mensch wieder in die volle Gemeinschaft der Gläubigen aufgenommen. Als Vertreter der ganzen Gemeinde und als von Christus Beauftragter spricht der Beichtvater oder die Beichtmutter das Vergebungswort.

Etwa in den letzten tausend Jahre verlagerte sich dieses Geschehen langsam in den Kirchenraum und wurde als Aktion zwischen dem einzelnen Gläubigen und dem Priester verstanden. Die alte Kirche kannte aber sehr wohl auch die Laienbeichte, die nicht an Gotteshaus und Klerus gebunden war.

Einige Barockkirchen zeigen Beichtstühle, deren Zierwerk und Symboltracht mitunter sehr üppig sein können. Dahinter steht einerseits ein gewisses Interesse zu belehren und andererseits die Freude über einen Sünder, der umkehrt. Ist diese doch größer als die Freude über 99 Gerechte (vgl.

Lk 15,7). So bekommt dann auch der Beichtstuhl kunstvolle Pracht, noch mehr als die Bänke der »99 Gerechten«.

9. *Boden und Weg*

Es ist ja selbstverständlich, dass ein Kirchenraum auch einen Fußboden braucht, um darin gehen zu können. Dieser fundamentale Bauteil steht aber auch für die grundlegende Erfahrung der seelisch-geistigen Erdgebundenheit des Menschen.

Unsere Aufgabe ist, die Erde zu bestehen. Ohne tragfähigen Boden unter den Füßen gibt es keinen Weg. Was aber macht die Verlässlichkeit des Bodens aus? Doch nicht seine physische Konsistenz! Wir wissen aus Erfahrung, wie brüchig und gefährdet alles ist, sogar der feste Boden.

In der Bibel wird mehrmals dem Menschen gesagt, er stünde auf heiligem Boden. Weil durch diese Gotteszusage ein Stück Welt »abgesichert«, herausgeschnitten wurde zum heiligen Bezirk, ist der Boden in Kirchen oft so besonders gestaltet. Das kann von sorgfältig gelegten Steinplatten bis zum Bodenmosaik reichen.

Durch die Bodenstruktur wird der ganze Raum gegliedert. Es können Wegführungen für Umgänge entstehen. Mancherorts zeigt der Boden sogar Bilder von biblischen Szenen. In jedem Fall aber erzählen die Böden von Geschichte und Geschichten. Die Spuren auf ihnen sind Zeichen früherer Zeiten, guter wie böser. Die eingeschliffenen Vertiefungen zeugen vom ständigen Begehen, Verbeugen, Hinauf- oder Hinuntersteigen. Es sind Bilder von sichtbarer Zeit, oft auch von sichtbarem Glauben und dem Vertrauen derer, die hier gebetet haben. Sie alle haften dem Boden an, haben ihn mit ihrem Schritt getränkt, haben ihn aufgeladen mit ihrem Kommen und Gehen.

Beim achtsamen Gehen über derlei Böden kann ich darüber nachdenken, wie ich eingebunden bin in eine überkommene und ebenso in eine wieder weiterzugebende Erde. Kein Fortschritt entbindet uns der lebensnotwendigen Bodenhaftung. Kein Überfliegen ist so endlos, als dass wir nicht einmal wieder zum Boden zurückkehren müssten.

Folglich begegnen uns auch Grabplatten auf den Fußböden. Mancherorts schreitet der Kirchenbesucher über ein großes Gräberfeld oder eine Gruft aus früheren Zeiten. Die Architektur erzählt, was wir sowieso wissen: unser Leben steht auf dem Leben derer, die bereits vor uns wirkten. Ihren geräumten Platz nehmen nun wir ein. Und andere werden über unserem gelebten Leben das ihrige weiterbauen. Bei einem Kirchenrundgang kann dieses Schreiten über Gräber tief aufwühlen.

Dass aber das Christentum, wie fast alle Religionen, dem Grab solche Aufmerksamkeit widmet, solchen Schmuck angedeihen lässt, liegt an der Überzeugung: hier ruht unzerstörbares Leben. Und der Name, der fast schon von den Tritten verwischt ist, bleibt bei Gott verzeichnet. »Wir sind in Seine Hand geschrieben«, behauptet die Bibel (vgl. Jes 49,16). Gräber brauchen daher nicht anonym sein. Weil der darin liegende Mensch einmalig lebte, weil Gott sich ihm einmalig zugewandt hat, ist auch die Auferstehung einmalig und persönlich. So kann eine Inschrift dann etwa lauten: »Hier erwartet seine Auferstehung ...«

Das hohe Mittelalter legte gelegentlich in die Fußböden Labyrinthe. Nahe dem Eingang wurde der Besucher auf diesen Mäanderweg mitgenommen. Die christlichen Labyrinthe wollen aber keine Irrgärten sein. Sie führen alle zuverlässig in die Mitte und ans Ziel. Damit sind sie Glaubensbilder der Verheißung. Zwar mag ein Leben verschlungene Wege beschreiten, aber es ist der Weg, auf dem Gott dem Menschen entgegenkommt. Gott hat für jeden Weg sein Entgegenkommen zugesagt.

Geht der Besucher wieder aus der Kirche hinaus, haben die Füße heiligen Boden berührt. Ein mittelalterliches Gedicht fragt:

»Weiß nit woher, weiß nit wohin,
mich wundert, dass ich fröhlich bin.«

Martin Luther hat es für den Gläubigen umgeschrieben:

»Weiß wohl woher, weiß wohl wohin,
mich wundert, dass ich traurig bin.«

Spätestens beim Hinausgehen stoße ich im Labyrinth auf die Zusage, dass ich ankommen werde an meinem Ziel.

10. Bilder und Figuren

Bilderflut und Bilderstürmer haben sich in der Kirchen- und auch Stilgeschichte immer wieder abgewechselt, weil es für beide Akzentuierungen Gründe geben mag. Ich selbst stehe in der katholischen Tradition und bin auch aus Mentalität und Überzeugung ein gänzlich bilderfreundlicher Mensch. »Wahrheit ist nur in Bildern möglich.« Das Bild enthüllt etwas vom dahinterliegenden Geheimnis, ohne es zu Ende zu definieren. Jedes gute Bild beinhaltet auch das Verborgene, das letztlich nicht gefasst werden kann und darf. Ohne die Metapher der Worte, ohne die Zeichen der Bilder können wir gar nichts sagen. Und da schließlich die Bibel das Bilder- und Geschichtenbuch ersten Grades ist, kann der christliche Kultraum auch bildervoll sein.

Die älteren Kirchen haben in Fenstern oder Fresken, in Wand- und Deckenbildern, auf Altarblättern meistens ein richtiges theologisches Programm entwickelt. In einer Zeit, da Lesen und Schreiben nur wenigen möglich war, wurden die Wände mit einer »Biblia pauperum«, der Armenbibel, gefüllt. Das war eine Anreihung von biblischen Szenen, angefangen mit der Schöpfung, über Brudermord, Sintflut, ägyptische Gefangenschaft und Befreiung bis hin zur Jesusgeschichte und zur Apokalypse. Die hervorragenden Barockkirchen stellen geradezu eine Predigt, besser: eine ganze Vorlesung der Theologie, ein ganzes Bibelkompendium dar. Solche Bildkonzepte zu entschlüsseln, ist sehr gewinnbringend. Dazu sind sie ja auch geschaffen worden.

Manchmal muss man allerdings feststellen, dass der Durchschnittsbetrachter nicht ausreichend Zeit mitbringt, um sich ein Bild oder eine Skulptur erschließen zu lassen. So bleibt das reichhaltige Bildprogramm so vieler Kirchen brach liegen, hat keine Chance, sich zu offenbaren.

Bilder und Figuren können aber auch noch anders wahrgenommen werden. Selbst wenn ich den detaillierten Inhalt des Kunstwerkes nicht kenne, begegnet mir der Geist einer bestimmten Zeit, die Sinndeutung der Früheren. Ich bin geradezu eingetaucht in die Weltdeutung, in ein Glaubens- und Sinngefüge. Dass sich der Mensch in so etwas einwohne, halte ich für unerlässlich. Keiner kann das Rad neu erfinden. Jeder bedarf zum Leben der Erfahrung der Früheren, der Weisheit, wie sie von alters her auf uns kommt. Zu neuer Lebendigkeit braucht ein Baum seine Wurzeln; der Mensch auch. Die Einladung an mich heißt also: Still zwischen den Bildern sitzen und mich von all dem anschauen lassen, denn es sind ja Zeichen des dahinter stehenden Lebens.

Wer aber tiefer erfahren will, der muss sich Bilder bei sich selber einbilden lassen. Was zum Beispiel eine Figur sagt, kann ich kurzerhand aufspüren, indem ich Haltung und Ausdruck nachspiele und fragend innehalte, was es denn sei. Ähnlich geht es mit ganzen Bildern. Indem ich zum Dargestellten »Ich« sage oder mich in einer Szene postiere, entsteht ein Gespräch, eine Begegnung. Es fängt an, sich mir zu erzählen.

Hier soll noch etwas zu den zahllosen Heiligen gesagt sein, die den Kirchenraum in Bildern oder Statuen bewohnen. Menschen aus den reformierten Kirchen – aber nicht nur sie – finden zu den Heiligenbildern nur schwer Zugang. Die Heilige Schrift gesteht unsere Grenze unverhohlen ein und sagt: »Gott wohnt in unzugänglichem Licht. Niemand hat Gott je gesehen.« Aus der physikalischen Erkenntnis wissen wir, dass das Licht farblos ist, wir nehmen es nur wahr in seinen Lichtbrechungen durch die »Gegenstände«. So lässt sich metaphorisch zeigen, wie jeder Heilige eine Lichtbrechung Gottes ist. Daher darf man den heiligen Franziskus († 1226) als Lichtbrechung der Schöpfungsliebe Gottes verstehen. Den heiligen Benedikt († 547) als Darstellung der mütterlich-väterlichen Liebe Gottes. Den heiligen Vinzenz von Paul († 1660) oder Mutter Teresa von Kalkutta († 1997) als Bild für die Armenliebe Gottes, Philipp Neri († 1595) als Lichtbrechung des Humors und der Unfassbarkeit Gottes.

Es darf auch weit über den kirchlichen Raum hinausgegriffen werden. Dann ist nämlich Mahatma Gandhi die Lichtbrechung der Friedensliebe Gottes. Und schließlich kann die Metapher auf jeden Menschen erweitert werden. Welche Lichtbrechung des unsichtbaren Lichtes soll ich selbst sein? Um aber meine eigene Gestalt deutlicher zu finden, bedarf es bestimmter Vorbilder und Beispiele. Gestalt wächst an Gestalt. Deshalb kann es hilfreich sein, wenn wir im Kirchenraum von allerhand Heiligen umstellt sind. Sie können wie spiegelnde Anregungen, wie Leuchtzeichen für den eigenen Weg wirken. Nie verdunkeln oder verstellen sie das große, allgegenwärtige, unsichtbare Licht, sind sie doch immer nur sichtbare Teile davon. Eigentlich ist die Heiligenliebe der alten Kirchen nur die Verlängerung der Menschwerdung Gottes in Jesus. Letztlich sind auch unsere eigene Taufe und unser Glaube so zu verstehen.

Wer ein Buch liest, findet gelegentlich viel von sich selbst in den beschriebenen Figuren und Ereignissen. Nicht anders spiegeln uns Bilder, denen wir in einer Kirche begegnen, zurück und machen uns vor uns selbst begreifbarer und deutlicher.

Alles mir Begegnende ruft mich. Alles von mir Gesehene schaut mich an und zeigt mir etwas. So braucht der Mensch fortwährend das Bild oder die Figur. Der mit Bildern, Worten und Zeichen Umstellte ist behütet. In der gleichen Weise wie das ständig redende Wort der Heiligen Schrift mir Gott und mich selber verdeutlicht, so tun es auch die Bilder und Zeichen unserer Glaubenswelt.

11. Das Kreuz

Ohne das Zeichen des Kreuzes kommt eine christliche Kirche nicht aus. Dieses Zeichen ist seine Mitte, wie es sogar im alten Kirchbau oft den Grundriss hergab. Das älteste Christusbild jedoch war der Hirte, der das Schaf trägt. Die ältesten Kreuze zeigten später dann den frei dastehenden Sieger über den Tod, mit Krone geschmückt, mit prächtigem Mantel ganz oder teilweise bekleidet. Der Leidende am Kreuz ist noch keine tausend Jahre alt. Offensichtlich war der früheren Zeit das Kreuz also ein Siegeszeichen. Es ist ein universales Bild, das alle (Himmels-)Richtungen umspannt und ihnen mit dem Christus, dem Anführer des Lebens, eine Herzmitte, ein Gesicht gibt.

Tatsächlich kommt kein Mensch um diese Koordinate herum. Verwurzelt im Boden, gilt es, die Erde zu bestehen. Zum Himmel gereckt, heißt es, mich der oberen, geistigen Welt verwiesen zu wissen. Ausgebreitet in die Horizontale beschreibt das Kreuz jene Gebärde, die das Leben braucht, wenn es gelingen will: mich austeilen und empfangen.

Dass Jesus ein Mensch aller Ausrichtungen war, beschreiben die Evangelien und die Glaubensberichte der Alten. Im Kreuzzeichen ist der christliche Ort und Auftrag schließlich kompakt verdichtet: Mensch der Erde sein, dem Himmel gehörig, der Mitwelt verbunden. In diesem Zeichen ist der Christ erlöst, in diesem Zeichen ist er getauft, das heißt zum Christen gerufen worden. In der Gebärde des Kreuzzeichens, wie es der Christ sich im Berühren von Stirn, Leibmitte, rechter und linker Schulter anlegt, stellt er sich ganz in Gottes Schutz und Verheißung. Wird ein Segen gesprochen, endet er daher meistens mit dem Ritus des »Kreuzschlagens«.

Andererseits kann mich diese Ausbreitung zu meiner Mitwelt auch zerreißen, aufreiben, ins Leiden bringen, wie es Jesus auch widerfuhr. So bedeutet das Zeichen immer auch Hingabe und sich binden lassen. Den eigenen Teil und Anteil an der Zerrissenheit des Lebens annehmen und zusammen mit Jesus, dem Heiland, tragen. Bei Paulus heißt es: »Wir aber rühmen uns im Kreuz Jesu Christi« (vgl. Gal 6,14). Dass sich eine derartige Niederlage zu solcher Herrlichkeit der Auferstehung verwandelte, ist die Grunderfahrung der christlichen Gemeinde.

Wie also das Judentum aus der Erinnerung an die Befreiung aus Ägypten lebt, so erhält die Kirche Jesu ihre Kraft aus der Dynamik von Bedrängnis und Freiheit und aus dem Tod, der vom Leben überwunden ist. Das Kreuz wird infolgedessen weniger als Leidenszeichen denn als Lebenszeichen, als Siegesstandarte verstanden.

Oft sind Vortragekreuze daher auf der Schauseite mit vielen Edelsteinen verziert. Man spricht von Gemmenkreuzen. Wegen der strahlenden Festlichkeit, die man an den Kreuzen anbrachte, wurden sie dann in der Passionszeit verhüllt. Aus diesem Brauch entstanden wiederum die Fastentücher. Zu Ostern aber erstrahlte das Prunkkreuz wieder als Standarte des Lebens.

Die ganze bisherige Betrachtung wollte das Kreuz aus der düsteren Ecke – »Das kann man doch heute niemandem mehr zumuten!« – herausholen. Das Kreuz zeigt eben viele Schattierungen. Es ist das Kürzel für das Christliche schlechthin. So ist es auch ein Zeichen geworden, das Christen sich aufs Grab setzen, weil sie darin schon immer Tod zu Leben verwandelt sahen. Das Kreuz weist also – gerade auch im Angesicht des Todes – unsere christliche Identität aus.

Gläubige Zeiten vor uns vervielfachten das Kreuz als Wandkreuz in der Wohnung, als Wegkreuz auf den Fluren, als Gipfelkreuz, als Haussegen an den Giebeln der Höfe. Oft wird das Kreuz auch als Schmuck angelegt, und das ist gar nicht so falsch: Sogar wertvoll und kostbar darf es sein, wenn es nur im Herzen des Menschen noch wertvoller gehalten wird. Als Baumkreuz mit Blatt- und Rankenwerk, als Andreaskreuz, als Ankerkreuz, als Sonnenradkreuz, als gleichschenkliges Mandala, als T-Kreuz und in noch vielen anderen Formen lebt das Urzeichen und will Segen sein.

Diese Vielformigkeit nimmt das Kreuz schließlich auch im Kirchenraum an. Wir sprachen vom Vortragekreuz. Dann gibt es außerdem Kreuzgewölbe, die Kreuzgänge, die Anordnung von

Wegen in Kreuzform, die Kreuze auf jedem Altar, die Kreuze an den Säulen oder den zwölf Apostelleuchten, die Kreuze auf den liturgischen Gewändern.

12. *Der Altar*

Im christlichen Kult versammelt sich die Gemeinde um den Altar. Dieser Tisch ist der Schwerpunkt und die Wesensmitte des Gotteshauses. Ihm wird die Bedeutung zugesprochen, Christus selbst zu repräsentieren. Daher wird der Altar in Ehrfurcht geküsst, feierlich beweihräuchert, mit einer Verneigung gegrüßt. Dass das entscheidende Gottesbild in einer Kirche der Tisch ist, sagt uns: Gott ist Mitteilung, Gott ist uns Nahrung, Gott will die Versammlung vieler, will Einheit. »Sooft ihr dies (Brot brechen, Wein teilen) tut, tut ihr es zu meinem Gedächtnis.« Gott ist Friede, Gott ist Gemeinschaft. Um an möglichst vielen Stellen Tisch zu decken, Messe zu feiern, entstand im Laufe der Zeit auch eine Anhäufung von Seitenaltären.

Die alte Kirche stellte den Altar frei in den Raum, wie es normalerweise nach dem II. Vatikanischen Konzil (1962–1965) in allen katholischen Gotteshäusern wieder eingerichtet wurde. Die Gotik, Renaissance, Barock und Neuzeit platzierten den Altar meistens an die östliche Stirnwand der Kirche. So entstand die Möglichkeit, hinter dem Altar prächtige Fenster oder einen Aufbau, der Bildwerke und Figuren trug, anzubringen. Kunstgeschichtlich sind diese Altaraufbauten oft das

Kostbarste. Als überdies der Brauch entstand, die geweihten Gaben nicht mehr im Sakramentshaus, nebenan, sondern auf dem Hochaltar in einem Tabernakel aufzubewahren, bekamen die Altäre die Fülle und das Schmuckwerk einer Monstranz.

Meistens sind solche Aufbauten von oben her oder vom Altartisch her zu lesen. Von oben her wird Gott im Himmel oder die ewige Seligkeit in ein Symbol gefasst. Die mittlere Ebene zeigt dann Heiligengestalten und das Altarbild. Dieses nimmt Bezug auf den Titel der Kirche oder eine biblische Erzählung. Dem Altartisch am nächsten schließlich finden sich Reliquien, Leuchter und Platz für Blumenschmuck. Wie ein Allerheiligstes, gesondert und herausgehoben, steht der Tabernakelkasten, in dem die Gaben der Gottesgegenwart stehen.

Die ganze Altarskulptur beschreibt also den Vergöttlichungsweg, zu dem der Gläubige im Empfang der heiligen Gaben eingeladen ist. Diese Altaraufbauten wollen alle ein Programmbild sein, eine Bewegung zeigen, eine Bewegung auslösen oder – noch einmal anders gesagt – die Gotteszuneigung von oben nach unten beschreiben.

Man kann sich vorstellen, wie sich die Bilder und Symbole auf einem Altar durch das Immer-wieder-Anschauen und Davor-Verweilen immer stärker einprägt und etwas bewirkt. Ein gutes Beispiel dafür ist der berühmte Isenheimer Altar des Künstlers Matthias Grünewald († 1528). Er wurde in einer Kapelle eines Spitals aufgestellt. Die Kranken konnten so die Tafelbilder von Leid und Auferstehung ausführlich meditieren. Mitleid und Befreiung durch Gott hatten sie dabei immer vor Augen.

Aller Aufbau und jede noch so kunstvolle Gestaltung steht im theologischen Wert aber dem klaren einfachen Altartisch nach. Er ist das Wesentliche. Seit Urzeiten verwenden Menschen dafür das Material des Steines. Stein ist Ewigkeit, Stein ist zeitlos, Stein ist fast unzerstörbar. Auch dürfte die alte Gottesmetapher anklingen: »Gott ist mein Fels« oder »Christus, der Eckstein, der alles zusammenhält.« Dieser Stein steht meist unmittelbar im Kontakt mit der Erde, dem Boden. Ist unter dem Hauptaltar eine Unterkirche, so wird er durch eine Säule mit der unteren Erde verbunden als ein Bild und Bekenntnis zur Menschwerdung Christi.

In feierlicher Weihe wird der Altar für den Kult in Besitz genommen. Er wird gesalbt, wie in alten Zeiten ein König oder Priester. Auf ihm werden an allen vier Ecken Feuer der Anbetung entzündet. Zum Gottesdienst wird der Tisch mit einem weißen Leinentuch bekleidet. Tisch und sogar weißes Tuch können sich in der Kommunionbank als Altar im Kleinen wiederholen.

Für den Besucher einer Kirche ist es interessant, nicht nur herumzuschauen, sondern sich einmal in Stille und mit ausreichender Zeit dem Altar auszusetzen. Als Kraftorte sind solche Stellen gestaltet. Und sie befinden sich oft an Orten, die Menschen schon vor der Christianisierung Jahrhunderte lang als heilig empfunden haben. Warum sollten sie die modernen Touristen und Pilger nicht auch heute wieder anrühren? Ein Altar bringt die Verbindung zwischen Himmel und Erde hervorragend zum Ausdruck. Er lädt dazu ein, zu verweilen, von seiner Kraft zu »essen« und zu »trinken« – auch ohne aktuelle Mess- oder Abendmahlsfeier.

13. *Leuchter und Kerzen*

Wo ein Licht brennt, da wohnt jemand. Der Glaube betrachtet die geweihten Gaben der Eucharistie als Unterpfand der realen Gegenwart Christi. Wo also diese Gaben aufbewahrt werden – übrigens normalerweise in einem tresorartigen Kästchen –, da wohnt jemand. Das kleine »Ewige Licht« weist auf die Anwesenheit des Allerheiligsten hin.

Auf und um die Altäre oder an unterschiedlichsten Stellen einer Kirche stehen Leuchter und Kerzen. Das sich verzehrende Kerzenwachs ist ein Bild der Hingabe. Das daraus brennende Licht meint die Gabe und Frucht daraus und den Dank dafür. Zündet jemand in Gedenken an einen Menschen Kerzen an, dann ist es ein Gebet um Segen, eine Bitte, Gott oder ein Heiliger solle den Gemeinten erleuchten, wärmen, leiten – eben segnen.

Der kostbar gestaltete Leuchter dient nur dazu, das Licht herauszuheben und es hochzuhalten, damit es möglichst weit scheinen kann. Eigentlich aber sind alle Leuchter nur einem einzigen nachgebildet, den sie auch letztlich meinen: dem Osterleuchter. In alten römischen Kirchen ist dieser sogar in Stein festgemauert, steht an erhobener Stelle, hat fast die Bedeutung wie das Pult oder der Altar.

Auf diesem Leuchter wird jährlich an Ostern die Osterkerze gestellt, feierlich inthronisiert. »Lumen Christi« – »Christus, das Licht« ruft der Diakon dreimal in den dunklen Raum, und dabei verteilen die Gläubigen das eine Christuslicht zu den vielen Kerzen. Um diesen Leuchter, diese Feuersäule, die vorauszieht, wie einst bei der Befreiung aus Ägypten (vgl. Ex 13,21; 14,24), sammelt sich die Kirche. Jesus Christus selbst ist das Licht, in dem und durch den alles Geschaffene lebt und ist. Christus wird verstanden als das erste Licht und das ewige Licht. Deshalb lassen sich Christen mit einer Kerze auch den Lebensweg markieren. Zur Taufe brennt die Taufkerze, zur Kommunion die Erstkommunionkerze, zur Trauung die Hochzeitskerze, zur Diakonen- oder Priesterweihe etwa Weihekerzen, und schließlich stellen Christen zum Sterbenden und Toten oft die Sterbekerze. Bei allem geht es um reale Gegenwart des Christus, die in Licht und Leuchter ihr Symbol hat.

Und schließlich fordert Jesus die Seinen auf, selber Licht zu sein: »Ihr seid das Licht der Welt. Ein Licht stellt man auf den Leuchter. Lasst euer Licht leuchten.« (vgl. Mt 5,13–15) Deshalb meinen die vielen Leuchter und Kerzen immer auch den einzelnen Christen mit genau diesem Auftrag. Die biblischen Texte sprechen gelegentlich gar von den Erleuchteten und meinen damit jeden Glaubenden.

14. Worte und Buch

Die christlichen Kirchen zählen sich zu den Buchreligionen. Was wir von Gott wissen, ist im Wesentlichen durch erleuchtete Gestalten vermittelt und aufgeschrieben worden. Das Gut der Offenbarung Gottes ist im heiligen Buch enthalten, so sehr, dass wir es »Buch der Bücher« nennen, oder einfach »die Schrift«.

Infolgedessen hat jede Kirche eine besondere Stelle, an der aus der Schrift gelesen wird oder wo sie aufgestellt und ausgestellt ist. Wenn wir den Namen einer Sache kennen, wenn etwas beschreibbar ist, wenn uns jemand etwas erzählt, dann können wir es auch verstehen und verinnerlichen. So helfen uns auch die Bilder und Geschichten der Bibel, Gott zu begegnen und ihm nahe zu sein. Die Schrift macht uns also eine andere, geistliche Wirklichkeit gegenwärtig. So kommt dem »Buch der Bücher« eine Verehrung zu, die die reale Gegenwart des darin Sprechenden meint. Die Kanzel oder das Lesepult sind Buchorte. Zusammen mit Altar und Leuchter bilden sie die innere Mitte einer Kirche.

In vielen Kirchen sind aber auch Schriftworte an allen möglichen Stellen angebracht. Engelsfiguren und Heilige halten Spruchbänder, Wände tragen Schriftworte, Fenster sind mit ihnen gefasst, sie liegen in Fußböden und sind in Holz geschnitzt. Der Christ soll demnach in jedweder Weise von diesen Worten voll sein. In jeder Lebenslage will ein Wort aus der Bibel ihn begleiten, ihn durchtönen. Wenn wir Menschen Gottes Wort aufnehmen, dann ist er auch in uns gegenwärtig. Daher lernten die ihre Bibel auswendig, um ganz aus ihr, in ihr zu leben: »par cœur« – Wort für Wort.

Das Wort ist eigentlich die Grundform, aus der Erzählungen und Bilder, Folgerungen und neue Erkenntnisse kommen. »Bibelfest« heißt dann nicht nur intellektuelles Bibelwissen. Vielmehr sollte es Stehvermögen aus der Gottesgegenwart meinen. Um solches zu bewirken, sind Kirchenräume nach allen möglichen Weisen beschriftet, voller Worte und Zitate.

Die Kirchenväter sagen: »Ein einziges Wort der Schrift reicht, dass der Mensch gerettet werde.« Dass der Mensch in Gott einwohne. Können meine Mitmenschen eigentlich erfahren, ob ich Gott so nahe bin? Welche Grundworte prägen mich? Aus welchen Sprichwörtern lebe ich? Tatsächlich sind unsere innersten Sätze zentrale Prägungen, aus denen unser ganzes übriges Verhalten entspringt. Deshalb ist es so entscheidend, dass es »Worte des Lebens« sind, Worte, mit denen sich leben und auch sterben lässt, ewige Worte. Der fromme Jude bindet sich solche Worte etwa auf die Stirn und ans Handgelenk. In eine Kirche gehen heißt eigentlich: Ich gehe mir ein Wort holen – eines, mit dem ich weitergehen kann.

Mit dem in einer Kirche mitgenommenen Wort geht man weiter um. Es wird an allen möglichen Lebenssituationen ausprobiert. Wie mit einem Faustkeil bearbeitet der Mensch mit dem Schriftwort sein Leben. Augustinus sagt: »Das Wort Gottes ist dein Feind, bis du sein Freund wirst.« Das gegen mich stehende Wort, die Anrede, die mich herausfordert, will also meinen Zuspruch. So kann das Wort schließlich in mir eingeformt, in mich und mein Leben eingepasst werden. Die geistliche Tradition kennt die Gebetsweise der »Ruminatio«. Dabei wird ein bestimmtes Bibelwort ständig wiederholt. Der Beter richtet gleichsam in seinem Innern eine Kanzel auf, ein Lesepult, von woher ihn ein ständiges Gotteswort anspricht.

15. Gewänder und Tücher

Wohl alle Kulturen und Religionen verwenden für den kultischen Vollzug eine besondere Kleidung. Es handelt sich dabei um einen Vorgang, den wir im Alltäglichen ebenso praktizieren. Nicht jede Kleidung ist für alles recht. Der Schlafanzug ist nicht für das Festessen, das Hochzeitskleid nicht zum Kochen und die Radlerhose nicht für das Konzert. Mit dem Kleiderwechsel schlüpfen wir in einen nahezu anderen Aggregatszustand, in eine andere Rolle.

Da kultische Feiern aber kollektiver Natur sind, sind die dabei gebrauchten Gewänder genormter, traditionell festgelegt, bedeutungsbeladener. Die gottesdienstliche Amtskleidung soll die individuelle Persönlichkeit ihres Trägers nicht auslöschen. Aber sie will eine objektive Gestalt formen, in der nicht jedes subjektive Sich-Geben angebracht ist. »Kleider machen Leute« bedeutet unter anderem auch: eine Kleidung prägt nach innen und formt eine Urgestalt wie den Priester, den Mönch oder die Nonne. Sie ist demnach Teil der Einübung in die geistliche Rolle.

Das katholische Kirchenjahr wird durch die sogenannten Kirchenfarben strukturiert. Diese tauchen dann vor allem in den Gewändern auf, die im Gottesdienst getragen werden:

* Die Farbe *Weiß* an den hohen Christusfesten wie Weihnachten, Ostern, Christi Himmelfahrt, Fronleichnam oder Christkönig.
* Die Farbe *Rot* an den Märtyrerfesten als Farbe des Blutes, an Pfingsten als Farbe des Feuers, am Palmsonntag und Karfreitag als Leidensfarbe.
* Die Farbe *Grün* ist die Jahresfarbe. Sie erscheint an gewöhnlichen Sonntagen als Zeichen des sich immer neu schenkenden Lebens.
* Die Farbe *Violett* ist für die Übergangszeiten des Advent und der Fastenzeit bestimmt. Beide Male geht es um Vorbereitung und Sich-Herrichten für ein zentrales Fest. Somit sind es Zeiten des Reinigens und Aufräumens, der Umkehr und der Buße.

Die Vielfalt an Gewändern und deren Funktionen zu beschreiben, würde den Rahmen dieser Kleinschrift überschreiten.

Der Altartisch ist meistens mit einem weißen Leinentuch abgedeckt. Das ist ein Bild für das Grabtuch Christi, auf dem sein Gedächtnis von Tod und Auferstehung gefeiert wird. Im Laufe der Geschichte entstanden verschiedenste Verhüllungen durch Tücher. Die Antipendien etwa verdecken ganz oder teilweise die Altarstirnwand. Sie werden auch am Lesepult oder dem Aufbewahrungsort der Bibel angebracht. In der Fastenzeit gibt es den Brauch, die Edelsteinkreuze oder das ganze Altarbild zu verhüllen. Daraus entwickelte sich das Fastentuch zur »Abstinenz« der Augen. Schließlich werden vor allem die Gefäße der eucharistischen Gaben mit Tüchern verhüllt, wohl eine Anspielung auf die Vorhangschranke vor dem Allerheiligsten des jüdischen Tempels.

Zwar kann ich ganz alltäglich gekleidet zum Gottesdienst kommen. Dennoch hat das Sonntagskleid auch seinen Sinn. Es entspricht der gehobenen liturgischen Kleidung, welche Priester, Messdiener, Chor u. a. im Gottesdienst tragen. Die Umwandlung der Person im Äußeren hilft, die innere Person auf das Gebet zu bereiten, und drückt wiederum diese Absicht aus. Feierlichkeit ist immer auch auf leibhaftige Form angewiesen, wird sinnlich, nicht intellektuell wahrgenommen.

16. Das Allerheiligste

Jeder Sakralraum lebt vom Allerheiligsten. In einer katholischen Kirche ist das der Tabernakel, in dem die von der Messe übriggebliebenen Brote aufbewahrt werden. Diese Brote versteht der Gläubige als real gegenwärtigen Jesus: »Das ist mein Leib; mein Blut.« In einer orthodoxen Kirche ist das Allerheiligste auch die Ikone. In einer evangelischen Kirche nimmt das aufgeschlagene Bibelbuch die Stelle des Allerheiligsten ein. Von diesen drei Weisen der heiligen Mitte handelt das Folgende.

Die katholische Tradition hängt ganz und gar an jenem letzten Mahl, das Jesus mit seinen Aposteln beging. Dabei setzte er eine Stiftung ein, indem er Brot nahm, darüber die deutenden Worte »Das bin ich« sagte und indem er Wein nahm und darüber nochmals sprach: »Das ist mein Blut ...« Beschlossen hat er den Ritus mit dem Auftrag, so in seinem Namen fortwährend weiter zu handeln. Und tatsächlich ist diese Feier der Kristallisationspunkt der frühen Kirche seit Anfang. Der Interpretation und Wiederholung des Abendmahles sowie der Deutung von Brot und Wein kommt eine ganz besondere Rolle zu.

Wir kennen ähnliches sogar im profanen Bereich: Wenn ein Randalierer beispielsweise eine offizielle Staatsflagge zerstört, wird er nicht wegen Sachbeschädigung, sondern wegen Angriff auf ein staatliches Hoheitszeichen angeklagt. Die Flagge selbst steht also für die Hoheit des Staates. Oder ein anderes Beispiel: In meiner Familie wird schon seit Generationen ein nicht sonderlich wertvoller Lehnstuhl weitervererbt. Aber es war der Stuhl eines berühmten Vorfahren, so dass diesem Gegenstand unsere Familienidentität anhaftet. Er ist nicht mehr einfach nur irgendein Möbelstück, sondern er ist all das, was meine Familie an ihm festmacht. Für unser Familie-Sein ist er ein richtiges Sakrament. Hat nun also Jesus dem Brot, so genommen und gereicht, eine derartige Umwertung zugesprochen, dann ist dieses Brot das, was es als geistige Wesensbeschreibung eingelegt bekam: »Das ist mein Leib; das ist mein Blut.« Im Übrigen lässt sich das Geschehen leicht mit vollziehen. Wir wissen doch, dass jedes Essen aus der Lebenshingabe eines anderen Lebendigen stammt. Also hat Jesus seine Visitenkarte hinterlassen: er ist im Brot, das zu essen ist, und im Wein, der zu trinken ist.

Im Laufe der Kirchengeschichte hat sich der Raum um den Tabernakel auch zum stillen Gebets- und Anbetungsort entwickelt. Gläubige verweilen gerne an dieser stillen Stelle, in der Gegenwart des Gegenwärtigen, vor dem Antlitz dessen, der da ist und einen sieht.

In der Ostkirche trägt das heilige Bild, die Ikone, die Qualität der Gegenwart des Bezeichneten. Ikonen sind auch Sakrament der dargestellten Gestalt und Szene. Das Bild lebt vom Urbild her, dessen greifbarer, sichtbarer Teil die Ikone ist. Daher gebührt dem heiligen Bild Verehrung, Weihrauch, Ampel, Verneigung oder Kuss.

Einen orthodoxen Gläubigen muss es tief kränken, wenn Ikonen des Dekors wegen aufgehängt werden, wenn sie als Ware im Antiquitätengeschäft herumstehen. Das Bild ist der greifbare Teil einer unbegreiflichen Gegenwart. Wer das unsinnig findet, von dem würde ich gerne sein Portemonnaie erbitten, um auf dem darin aufbewahrten Foto herumzukritzeln. Ich bekäme sofort Proteste. Mit Recht. Weil auch der säkularisierte Mensch noch weiß: das Bild ist der Abgebildete. Deshalb ist die heilige Ikonostase, die mit Ikonen geschmückte Wand, oder das Einzelbild so verehrungswürdig.

Der evangelische Christ macht die Gottesgegenwart im heiligen Buch, besser an dessen Wort fest. Sichtbare Gestalt des Wortes ist aber die Schrift. Wie in einem Buch die ganze unsichtbare Geistigkeit anwesend ist, so ist es im Buch der Bücher der, von dem wir glauben, dass er darin redet. Barbarei des Menschen ging übrigens immer einher mit der Bücherverbrennung. Mit diesem ohnmächtigen Ritual offenbart sich regelrechter Ungeist. Die Täter aber wussten ganz genau, dass das Buch reales Sakrament des darin sich aussagenden Geistes ist.

Mancherorts wird das Allerheiligste hinter einer Chorschranke, einem Lettner, einem Gitter oder nach einer besonderen Stufe aufbewahrt. Das ist Anspielung auf den Vorhang vor dem innersten

Tempel des Judentums. Diesen Raum zu betreten, ist ein Vorrecht und Teil des priesterlichen Dienstes gewesen. So sinnvoll diese Riten Ehrfurcht ausdrücken, sie sind im Christlichen aber überholt, da die Gläubigen in Jesus alle gleichen Zugang zu Gott haben. Sie sind durch die Taufe ja alle zu »Priestern« gesalbt.

Tabernakel, Ikone, Bibel – wir machen etwas falsch, wenn wir diese drei Weisen der Realpräsenz der Offenbarung Gottes gegeneinander ausspielen oder herabwerten. Es sind drei gültige Erfahrungen des Allerheiligsten. Der ganz fremde und unkundige Kirchenbesucher weiß das nicht. Aber aus Ehrfurcht vor den jeweils Gläubigen darf auch ihm eine Haltung der Pietät abverlangt werden. Was anderen heilig ist, darf ich nicht verachten, denn dadurch verachte ich andere Menschen.

17. Gesang und Musik

Singend gibt der Mensch dem Wort einen noch engagierteren Ausdruck. Singend wird noch mehr Seele ins Wort gelegt. Folglich ist das Singen im Kirchenraum die feierlichere und erhabenere Weise zu beten.

Die katholisch-klassische Weise des Gesanges ist der Gregorianische Choral. Hier will die Melodie ganz Dienerin des meist biblischen Wortes sein. Singend formt der Beter Wort für Wort in eine Meditation. Indem mehrere Stimmen sich im Einstimmigen sammeln, entsteht tatsächlich das, was Augustinus fordert: »Chor ist, wo alle eines Herzens sind.« Nach alter Erfahrung gräbt dieses Singen das gesungene Wort immer tiefer in das Gemüt ein, verwandelt den, der es singt.

Spätere Jahrhunderte fügten die Mehrstimmigkeit des Gesanges hinzu und dazu vor allem die Orgel, das klassische Kircheninstrument. Inzwischen nimmt sie auch optisch einen wichtigen Platz ein. Die meisten Orgeln sind an der Rückseite, vor der Westrosette aufgestellt. Das Bild, welches aus Fenster und Licht, aus Prospekt und Empore entsteht, wirkt oft wie ein vielstimmig sichtbares Halleluja, ein großes Te Deum.

Mit der Musik und den Stimmen wohnt überhaupt eine volle Leiblichkeit im Kirchenraum. Es gibt ein Singen aus voller Kehle. Keine Prozession, die nicht eine Rhythmik archaischen Tanzes annimmt. Diese sinnliche Leibhaftigkeit ist wesentlicher Teil des christlichen Bekenntnisses. Geht es doch dabei um die Feier der Menschwerdung, der Fleischwerdung Gottes in Jesus. Geist geht in Materie ein. Der Himmel kommt herunter, um die Erde zu heilen und zu erheben.

Von einem Kenner der Kunst habe ich die Behauptung, dass gerade das Barock *der* christliche Kunststil sei, weil es den Geist am körperlichsten sichtbar und hörbar mache. Als einmal in Würzburg der Rokokomaler Tiepolo (1696–1770) besonders gewürdigt wurde, lautete der Titel der Ausstellung daher völlig zurecht »Geerdeter Himmel«. Barocke Kirchenräume, aber auch die Musik, die darin erklingt, wollen etwas von geerdetem Himmel zeigen, wollen Jubel und Fest sein für das Auge und den ganzen Menschen.

Sprechen wir vom ganzen Menschen, muss noch einmal auf den Tanz Bezug genommen werden. Tanz ist tatsächlich jene Kunst- und Ausdrucksform, in der der ganze Mensch am vielseitigsten zum Ausdruck kommt. In nichts sind wir persönlicher und individueller als in unseren Bewegungen. Tanz ist visualisierte Musik, der scheinbar stofflose Ton wird in sichtbar und greifbar gewordene Bewegung verwandelt. Geistige Inhalte, die das Wort benennen würde, zeigt der Tanz im Berühren und Entfernen, im Springen oder Beugen. Sinnlicher als Tanz geht es nicht. Augustinus meint: »Mensch lerne tanzen, was sollen sonst die Engel im Himmel mit dir anfangen.« Die Gabe der Leiblichkeit gehört also zum geistlichen Auftrag und bringt ihn ganz besonders zum Ausdruck. Damit berühren wir auch die innere Struktur jeglicher Liturgie. Es ist ein verleiblichtes Gottfeiern, zu Gott beten. Indem der Mensch sich dem Spiel der Liturgie ausliefert, geschieht allmählich ein inneres Hineingeben in das, was es geistig sein will.

Daher rät der heilige Benedikt († 547) auch in seiner Regel: Erst eine äußerlich korrekte Haltung beim Gebet, dann wird allmählich das Herz mit der singenden Stimme, mit der guten Haltung eins werden: »ut mens nostra concordet voci nostrae« – dass unser Denken mit unserer Stimme im Herzen eins wird. Nehmen wir puritanisch die sinnlichen Elemente, Musik, Tanz, Ritus, Gebärde aus dem Gottesdienst, gibt es keine vertiefende Übung mehr. Geistliches Tun muss im leiblichen Vollzug Hand und Fuß bekommen. Damit sind wir wieder bei der Grundbewegung: das Wort wird Fleisch.

Kirchengebäude können daher nicht anders sein als festlich oder üppig oder voller Zeichen der Hingabe und Verehrung. Sie sind voller Gesang, selbst, wenn es ganz still in ihnen ist.

18. »Handgreifliches« Gebet

Kathedralkirchen, Wallfahrtsorte und Kirchen, die touristisch sehr viel besucht werden, haben meistens einen besonderen Platz zum stillen Gebet ausgespart. Diese Seitenkapelle oder Krypta, diese Nische ist schon durch ihr physisches Dasein Gebet.

In der Religion der Germanen oder der Antike gab es schon immer den heiligen Bezirk, den für die Gottesbegegnung oder Gottesgegenwart reservierten Ort. Es lässt sich natürlich auch sagen: überall ist Gebet möglich, weil Gott überall ist. Aber dennoch gibt es die Erfahrung, Gebet braucht eine Aussparung an Zeit und Ort. Die Psalmen, aber auch die Gebetspraxis Jesu selbst rufen uns dazu auf, dafür an einen einsamen oder stillen Ort zu gehen. Dass es also solche »heiligen Bezirke« mitten im ohnehin besonderen Kirchenraum gibt, ist so etwas wie greifbares Gebet, visualisiertes Gebet, Gebet als Geographie.

Selten wird sich jemand in einen Park setzen, um an diesem Ort und in diesem Moment seine Kenntnisse über Bäume oder Vögel zu vervollkommnen. Er wird sich in den Park setzen, weil ihm der Park schon Lunge und Atem genug ist. So darf auch der der Gebetsworte und Gebetsübung

Unkundige sich in das Ausgesparte setzen, auch wenn es dort manchmal heißt »Nur für Beter«. Zumal wir Christen Gebet verstehen als Hinterher, ein Nachbeten hinter dem großen Vorbeter Jesus Christus, der als unser Anwalt an Gottes Thron steht. ER ist da, ER betet für uns.

Eine andere Form »handgreiflichen« Gebetes ist das Berühren. Wer kennt nicht die Entbehrung, Skulpturen in Museen nicht betasten zu dürfen? Ich würde viel mehr sehen und begreifen – dürfte ich begreifen. Das gilt auch im Geistlichen. Ikonen brauchen Küsse, um recht wahrgenommen zu werden. Wallfahrtsbilder wollen betastet werden. Nach Santiago de Compostela zu pilgern und nicht dem Heiligen kurz über der Schulter gelegen zu sein, würde beinahe bedeuten, nicht in Santiago gewesen zu sein. Klar denkt der aufgeklärte Kopf anders. Das empfindende Herz aber braucht die Berührung, um berührt zu werden. Wer das verstanden hat, wird vor örtlichen Traditionen und Bräuchen gebührende Ehrfurcht haben.

Ein wenig entspringt auch das Rosenkranzgebet dieser Erfahrung. Der betende Mensch betastet Holzperlen, gibt ihnen die Bedeutung von »Rosinen« des Evangeliums, von Kernsätzen. So betastend, so begreifend betet er sich in den Evangelienweg hinein.

Vielerorts kann man in einer Kirche ein Licht aufstecken. Das brennt dann vor einem heiligen Bild oder in einer Gebetsnische. Viel Worte fehlen, langes Beten gelingt oft nicht, aber in das Anzünden einer Kerze für jemanden legen wir alle

Zärtlichkeit und Liebe. Und wir konnten erleben, welche sogar politische Kraft die Leipziger Lichterketten im Herbst 1989 etwa entwickelten. Meine Kerze soll einen geliebten Menschen, mein Anliegen vor Gott ins Licht setzen, soll Gebet sein.

Noch eine Form »handgreiflichen« Gebetes findet sich in vielen Kirchen: Traditionell im Langschiff, aber auch anderswo können wir sogenannten Kreuzwegstationen begegnen. Die Bilder, welche Etappen des Leidensweges Jesu erzählen, wollen Etappen eigener Lebensbetrachtung oder Lebenshingabe werden. Beter gehen so betrachtend die Bilderreihe ab. Sie ist aber auch als Geländer zu verstehen, an dem ich mich halten kann, wenn ich verurteilt, an den Pranger gestellt, bloßgestellt, festgenagelt und dergleichen bin: Bilder, Symbole von einem, der mit mir geht.

»Handgreifliches« Gebet verdient noch einige Bemerkungen. Geistliches Leben braucht körperlich wahrnehmbare Haltungen, Vorgänge, Erlebnisse. Solches kennt jede Mutter vom Umgang mit ihrem Kind. Liebende können sich nicht mit der gesprochenen Beteuerung abfinden, es braucht körperliche Zeichen. Leibhaftiges Beten macht das innere Gebet voller und realer. Mein Vater pflegte bei einem Kreuz am Wegrand, beim Vorbeifahren an einer Kirche seinen immer getragenen Hut zu lüften. Es war körperliches Gebet. Kirchenräume laden auch dazu ein, eigene und ganz private Riten zu vollziehen, meine Gottesbeziehung leibhaftig zu tun.

19. Immer wieder neu gebaute Zeit

Ganz selten noch betreten wir Kirchenräume, die aus einer Zeit, aus einem Guss, in einem Stil gebaut sind. Der kunstgeschichtliche Puritaner mag das bedauern. Aber das lebendige Leben ist eben unsystematischer und schöpferisch üppiger. In so einem Kirchengebäude finden wir Zeitläufe greifbar und materialisiert. Die Stilverschiebungen stammen zunächst aus dem Umstand einer sehr langen Bauzeit, während der die Formsprache sich änderte. Spätere Zeiten gestalteten nach ihrer jeweiligen Geistigkeit Innen- und Außenarchitektur um, womit sie ihren Glauben zeitgemäß neu formten. Dieses Verändern und Neufassen geht ständig weiter und behauptet sich vital.

Was darin zum Ausdruck kommt, will mehr gewürdigt als beklagt sein. Die Veränderung gehört wesentlich zur Religion, obgleich sie auch konstante Grundformen braucht. Da Gottglaube ein Beziehungsgeschehen ist, wird er sich nach neuen Erfahrungen auch jeweils neu ausdrücken.

Die Romanik ist die Formsprache aus der Ehe von Christentum und germanisch-nordischem Geist: Erdhaftigkeit und Kraft, eine erhabene Gottesvorstellung und Sinn für Majestät und Größe. Solche Räume atmen bis heute Reinheit und die

Würde eines noch geschlossenen Weltbildes. Das hohe Mittelalter durchformte alle Bereiche mit christlicher Gotteszentrierung.

In der Gotik wandelt sich die Kraft, die vormals Erde gestalten wollte, zur Himmelsbewegung. Immer höher, immer lichtdurchbrochener, immer vergeistigter sollten die Räume werden. Der vorigen Basilika, dem großen Versammlungsraum wurden Seitennischen, kleine Kapellen zugefügt, die dem privaten Beter gehören sollten. Ein kraftvolles Städtebürgertum baute über Generationen an seinem Gotteshaus, an seinem Gottesglauben mit Pfeilern und Figuren und Tafelbildern und Türmen.

Die Zeit der Renaissance entdeckt wieder die Erde, den Leib, das Sinnliche. Naturforschung wird geradezu ein Teil der Theologie, woraus sich leider schmerzliche und schuldhafte Konflikte ergaben. Aber eigentlich handelt es sich um eine sehr religiöse Bewegung, die das Erdhafte und Leibhaftige, die Schöpfung als Fest und Auftrag wahrnimmt. Ein vitaler Gestaltungswille äußerte sich in Wirtschaft und Kunst, in Geistes- und Naturwissenschaft. Weltliche Macht und geistliche Macht tanzen einen immer wilder werdenden Reigen.

Nach den Konfessionskämpfen und dem Dreißigjährigen Krieg, der Europa fast zur Ödnis zurückbrachte, sprang die Barockzeit ans Licht: die Feier des Daseins, die neue Lust am Leben. Barocke Kirchen wollen sich alle samt und sonders in diese Bewegung einschwingen. Es ist auch die

Leibfreude und Lust am Kult, welche sich in der katholischen Gegenreformation zeigte. Was in der Kirche der Reformation vor allem musikalischen Ausdruck fand, zeigte sich katholischerseits im Kult-Ritus und Kirchbau.

Die Zeit der Aufklärung bewirkt die notwendige Gegenbewegung im Klassizismus. Strenge Formen, weniger aufgewühlte Emotion ist gefragt. Nüchternheit und Struktur, Ratio und Religion grenzen sich neu zueinander ab, suchen nach je eigenen Schritten.

Daraus trat die emotionsgeladene religiöse Kunst der Romantik und ihrer Nachfolger. Religion begann sich mehr auf Innerlichkeit zurückzuziehen. Die Kirchenräume wurden gefüllt mit immer mehr subjektiver Frömmigkeit. In der Moderne erst wurde wieder ein neuer kraftvoller Kirchbaustil gefunden. Seine Eckmarken lassen sich mit Worten wie Gemeindebewusstsein, Reduzierung auf wesentliche Zeichen, Vereinfachung und Weltoffenheit beschreiben. Was das sakrale Bild und die sakrale Atmosphäre angeht, dominiert das Bildlose, Abstrakte, Numinose. Das aber ist eine Qualität, die im umtriebigen Kircheneifer leider wenig verstanden wird. Daher sind Sakralräume, die davon erzählen, seltener geworden. Überhaupt lässt sich ein Verlust der religiösen Ästhetik beklagen. Sie wird landläufig durch frommen Eifer, der Symbol auf Symbol anhäuft, ersetzt. Kirchenräume werden zu katechetischen Schulräumen umfunktioniert. Es fehlt am großen Atem des Heiligen und Mystischen.

Vielleicht kann uns da aus der geduldigen Betrachtung der alten Stile Hilfe kommen, Hilfe zum Erspüren des Geheimnisses. Der Blick in die Geschichte kann genügend zeigen, warum auch Glaubensbilder nur Zeitzeichen sein können. Immer wird sich das Ewige für uns nur im Zeitlichen zeigen. Geschichtesein und Geschichte bejahen gehört zum Christentum, das an einen Gott glaubt, der in der Geschichte sich immer mehr ans Licht bringt.

20. Kirche und Kirchen

Wir sprachen von Geschichte und deren Annahme als Teil christlicher Glaubenshaltung. Nun aber kennt die Kirchengeschichte Kampf, Irrung, Wirren, Spaltung, so wie das Alte Testament auch voll ist vom ständigen Auf und Ab.

Wenn also im Laufe dieser Zeiten unterschiedlichste Formen des Christlichen entstanden sind, ja verschiedene Kirchen, so sind diese auch wesentlicher Teil meines Glaubens. Sie sind kein »Nicht-Zustand«, weil nicht sein kann, was nicht sein darf.

Dass es zu Spaltungen kam, daran haben alle Beteiligten schuldhaften Anteil. Wer will richten, welcher der größere ist? Also kann nach der Spaltung auch niemand so einfach sagen: ich habe die volle Wahrheit, ich bin die einzige wahre Kirche, ja sogar: die anderen dürften sich gar nicht Kirche nennen.

Entschieden widerspreche ich solchem Denken, weil es die Geschichte als Teil des Heilswirkens leugnet. Wie im Einzelleben Gott in Sünde und Gnade immer am Wirken ist, wie er an keiner Stelle aufhört, den Menschen anzusprechen, so ist es auch im Kollektiven, im Kirchesein.

Alle Getauften sind zusammen Kirche. Getauften mit ihren unterschiedlichsten Einzelwegen und Kirchenwegen sind eingebettet in die Christusgestalt. Ich erinnere mich noch an die Phobie aus Kindertagen, eine evangelische Kirche zu betreten oder gar in ihr mitzubeten. Was für eine eingeimpfte Irrung!

Zur geschichtlich gewordenen Wahrheit von Kirche gehört, dass sie geschichtliche Gesichter, unterschiedlichst geprägt, bekommen hat. Jedes dieser Gesichter hat einen eigenen Ausdruck; das eine mehr von diesem, das andere mehr von jenem. Menschliche Festlegung, welches Gesicht das vollkommenere sei, ist fragwürdig.

Wer will den Glauben und die Gottinnigkeit eines Bachchorals oder eines Paul Gerhardt-Liedes gegen eine Fronleichnamsprozession ausspielen? Wer wagt die Kniebeuge in einer katholischen Kirche für rechtgläubiger zu halten als den Kuss auf die heilige Ikone?

Wir müssen von Kirchen reden, wenn wir von der Kirche sprechen wollen. Sie hat dieses Gesicht bekommen in der Geschichte. Wie ich aber eines Einzelnen Geschichte nicht verachte – wie sie auch geworden sei –, so verachte ich auch nicht, dass wir Christen so unterschiedliche Ausprägungen haben.

Kirche verstehen, heißt K i r c h e n verstehen. Rom, Konstantinopel, Moskau oder Genf sind Orte, die Segen tragen und von Schuld verwundet sind, wie es das eigene Leben auch ist.

Kirchen verstehen, ist K i r c h e verstehen. Deshalb bedeutet mir das Lesen in Baustilen und Kunstformen, das Begegnen mit unterschiedlichsten Gotteshäusern so viel: sie sind alle Teil eines noch größeren Ganzen, das aber ist der unsagbar heilige Gott.

21. Unsichtbar und still

Ein Kirchenbesuch ist meistens Erlebnis der Augen. Wie viel Schönes gibt es zu sehen. Wie viel wurde in Bildern und Zeichen ausgesprochen. Aber alles Sichtbare ist ein in einen geheimnisvollen Zustand gehobenes Unsichtbares. Das Sichtbare ist nicht Abfall von Höhe. Es ist für den Christen voll des Geistes. »Gott ist Geist.« Aber »der vom Himmel herabgestiegen ist, der hat Kunde gebracht« (vgl. Joh 1,18).

Weil ein Kirchenraum letztlich vom unsichtbaren Himmel Zeugnis gibt, gilt von ihm das, was ein Satz aus der Zen-Tradition sagt: »Der Sinn des Gefäßes ist die Leere.«

Das bedeutet für unsere Kirchen: »Der Sinn des Hauses ist die Leere.« Der sichtbare Raum macht also Unsichtbares wahrnehmbar. In ihm will auch mein inneres Unsichtbares, mein Lebensgeheimnis, erahnt werden. Dazu braucht es dann Augenschließen und Stille-Werden. Jetzt braucht es keine Predigt mehr, kein Wort, keine Belehrung. Vielmehr Gebet der Stille, gegenwärtig in der Gegenwart Gottes, ich vor IHM, in IHM, mit allem, was ich bringe.

»Kommt alle zu mir, die ihr mühselig und beladen seid, ich will euch erquicken.« (Mt 11,28)

Eine Kirche kann für mich so zum Sanatorium werden, als Heilstollen im Getriebe von so viel Lebensgefährdung.

22. *Von drinnen nach draußen*

Der Rundgang und auch das Verweilen sind zu Ende. Jetzt gehe ich wieder hinaus auf den Platz, ins Tageslicht oder den Regen, in den Lärm und Umtrieb.

Die Begegnung mit einem Gotteshaus wollte mich begegnen lassen mit dem Wohnen Gottes in mir. Das Hohe und Festliche, das Heilige und Bergende will in mir mitgetragen sein. Ein Wort trage ich vielleicht hinaus, oder ein Bild. In jedem Fall bin ich der Glaubenskraft und Lebensdeutung von anderen begegnet, die auch mein Leben bereichern können oder hilfreich befragen.

In jedem Sakralraum wohnt ein geheimnisvolles Großes. Da muss ich nicht hinausgehen und es gleich wieder herunterbrechen in meine eigene, enge Sicht, einkasteln in meine private Dogmatik, einebnen in meine individuelle Erfahrungswelt.

Als ein weiter Gewordener will die Kirche mich entlassen. Als ein Friedensfähiger gehe ich auf den Platz. Und hoffentlich auch als jemand, der den vielen anderen Menschen, ja dem ganzen Kosmos mehr Ehrfurcht zollt.

Diese heilige Stimmung wird sich aber auch wieder verlieren. Trotzdem war sie wichtig. Es gibt dazu eine alte Mönchsgeschichte: Ein Schüler fragt, was all das Einkehren in sich, das Gebet oder die Übung für einen Sinn hätten, da man ja doch wieder abfalle. Der Meister schickt ihn darauf zum Geschirrwaschen. Nach getaner Arbeit fragt er ihn, wie er denn gewaschen habe. Er habe die Gefäße mit Wasser ausgespült. Ja, sagt daraufhin der Meister, so sei es mit allen Gottesbegegnungen. Es sei nicht möglich, sie wie in einem Gefäß aufzubewahren. Aber durch das Spülen habe sich doch am Gefäß etwas verändert.

Darum taugt auch ein kurzer, schneller Kirchenbesuch, wenn nur das Herz sich auf den Anwesenden, auf das Anwesende einlässt. Gebet ist vielleicht oft nicht viel mehr, und niemals weniger, als mich innerlich und äußerlich in den heiligen Raum stellen.

An den Wänden meiner heimlichen Kirche

An den Wänden meiner heimlichen Kirche,
die ich mir selber mit Bildern ausmale,
sind sie alle erlöst beisammen:

Der gute Hirte neben dem zottigen Pan,
umwimmelt von Schafen und Ziegen samt
Böcken,
der verlorene Sohn im Gespräch mit Odysseus,
Petrus der auf den Wassern geht,
und Arion auf dem treuen Delphin,
Sankt Franziskus, singend mit Orpheus,
Magdalene, Leda umarmend.

Und inmitten von zierlichem Unkraut
viele Kamele und Esel,
von ihrer Bürde befreit,
wie die Wölfe vom Hunger.

Auch Ritter Georg, umschwänzelt
vom weihrauchatmenden Drachen,
goldenäugige Löwen, stöbernd in Folianten
mit Hieronymus, ihrem Freund,
prächtige Fliegenpilze bei kindlichen
Pfifferlingen,

und Pfauen, demütig umfächelnd
die Schmerzensmutter Marie.

Auf dem Altarbild reicht Veronika
dem Judas das Schweißtuch
gegen den Strick der Verzweiflung.

Christine Busta

Stichwortregister

Die Lebenskunst der Klöster

Münsterschwarzacher Kleinschriften

1	Anselm Grün, **Gebet und Selbsterkenntnis**	1979/2002
3	F. Ruppert/A. Grün, **Christus im Bruder**	1979/2004
6	Anselm Grün, **Der Umgang mit dem Bösen**	1980/2001
7	Anselm Grün, **Benedikt von Nursia**	1979/2004
11	Anselm Grün, **Der Anspruch des Schweigens**	1980/2003
13	A. Grün, **Lebensmitte als geistliche Aufgabe**	1980/2001
17	F. Ruppert/A. Grün, **Bete und Arbeite**	1982/2003
18	Jean Lafrance, **Der Schrei des Gebetes**	1983
19	Anselm Grün, **Einreden**	1983/2001
22	Anselm Grün, **Auf dem Wege**	1983/2002
23	Anselm Grün, **Fasten**	1984/2001
25	Guido Kreppold, **Die Bibel als Heilungsbuch**	1985/2004
26	M. Dufner/A. Louf, **Geistl. Begleitung i. Alltag**	1985/2006
28	M. W. Schmidt, **Christus finden i. d. Menschen**	1985
29	Grün/Reepen, **Heilendes Kirchenjahr**	1985/2001
31	Basilius Doppelfeld, **Mission**	1985
32	Anselm Grün, **Glauben als Umdeuten**	1986/2002
36	Anselm Grün, **Einswerden**	1986/2003
37	Brakkenstein Com., **Regel f. e. neuen Bruder**	1986
39	Anselm Grün, **Dimensionen des Glaubens**	1987/2004
41	Johanna Domek, **Gott führt uns hinaus ins Weite**	1987
44	Anselm Grün/Petra Reitz, **Marienfeste**	1987/2001
46	Anselm Grün/Michael Reepen, **Gebetsgebärden**	1988/2002
47	Emmanuela Kohlhaas, **Es singe das Leben**	1988
50	Anselm Grün, **Chorgebet und Kontemplation**	1988/2002
52	A. Grün, **Träume auf dem geistlichen Weg**	1989/2001
57	Grün/Dufner, **Gesundheit als geistliche Aufgabe**	1989/2001
58	Anselm Grün, **Ehelos – des Lebens wegen**	1989/2003
59	Dumitru Staniloae, **Gebet und Heiligkeit**	1990
60	Anselm Grün, **Gebet als Begegnung**	1990/2001
61	Basilius Doppelfeld, **Mission als Austausch**	1990
62	Abeln/Kner, **Kein Weg im Leben ist vergebens**	1990/2003
63	R. Faricy/R. J. Wicks, **Jesus betrachten**	1990
64	Anselm Grün, **Eucharistie und Selbstwerdung**	1990/2002
65	Basilius Doppelfeld, **Ein Gott aller Menschen**	1991

66 Abeln/Kner, **Wie werde ich fertig m. m. Alter?** 1992/2002
67 A. Grün, **Geistl. Begleitung b. d. Wüstenvätern** 1992/2002
68 Anselm Grün, **Tiefenpsych. Schriftauslegung** 1992/2002
71 Anselm Grün, **Bilder von Verwandlung** 1993/2001
73 Wunibald Müller, **Meine Seele weint** 1993/2001
75 Herbert Alphonso, **Die Persönliche Berufung** 1993/2002
76 Anselm Grün/Gerhard Riedl, **Mystik und Eros** 1993/2001
77 Gabriele Ziegler, **Der Weg zur Lebendigkeit** 1993
79 Fidelis Ruppert, **Der Abt als Mensch** 1993
80 Boniface Tiguila, **Afrikanische Weisheit** 1993
81 Anselm Grün, **Biblische Bilder von Erlösung** 1993/2001
82 A. Grün/M. Dufner, **Spiritualität von unten** 1994/2002
84 Mauritius Wilde, **Ich versteh' dich nicht!** 1994/2004
85 R. Abeln/A. Kner, **Das Kreuz mit dem Kreuz** 1994
86 Fidelis Ruppert, **Mein Geliebter, die riesigen Berge** 1995
87 Basilius Doppelfeld, **Zeugnis und Dialog** 1995
90 Fidelis Ruppert, **Intimität mit Gott** 1995/2002
92 Anselm Grün, **Leben aus dem Tod** 1995/2001
93 Anselm Grün, **Treue auf dem Weg** 1995
94 Edgar Friedmann, **Ordensleben** 1995
95 Hermann M. Stenger, **Gestaltete Zeit** 1996
96 Basilius Doppelfeld, **Bleiben** 1996
97 Christian Schütz, **Mit den Sinnen glauben** 1996
98 Karin Johne, **Wortgebet und Schweigegebet** 1996
99 Anselm Grün, **Das Kreuz** 1996/2005
100 A. Grün/A. Seuferling, **Schöpfungsspiritualität** 1996/2002
101 Basilius Doppelfeld, **Lassen** 1996
102 Anselm Grün, **Wege zur Freiheit** 1996/2003
103 G. Kreppold, **Krisen – Wendezeiten im Leben** 1997/2001
104 Irmgard und Peter Abel, **Familienleben** 1997/2002
106 Anselm Grün, **Exerzitien für den Alltag** 1997/2001
107 Karl-Friedrich Wiggermann, **Das geistliche Wort** 1997
108 F. Ruppert/A. Stüfe, **Der Abt als Arzt ...** 1997
109 H. Nouwen, **Unser Heiliges Zentrum finden** 1998/2003
110 Georg Braulik, **Zivilisation der Liebe** 1998
111 Wunibald Müller, **Wenn du ein Herz hast ...** 1998
112 G. Kreppold, **Selbstverwirkl. od. Selbstverleugnung?** 1998
113 Basilius Doppelfeld, **Erinnern** 1998

155 Jonathan Düring, **Wild und fromm** 2006
156 Guido Kreppold, **Dogmen verstehen** 2006
157 Peter Abel, **Gemeinde im Aufbruch** 2006
158 Michael Plattig, **Prüft alles, behaltet das Gute!** 2006
159 Paulus Terwitte/Peter Birkhofer, **Ich bin gerufen** 2007
160 Wunibald Müller, **Atme auf in Gottes Nähe** 2007
161 Anselm Grün, **Alles ist mir Himmel** 2007
162 Meinrad Dufner, **Kirchen verstehen** 2007
163 Jochen Sautermeister, **Glück und Sinn** 2007
164 Johannes Füllenbach, **Dein Reich komme** 2007